I0705299

SELF-LOVE

Guide pratique pour développer son amour et sa confiance en soi

Jessica Laure

Première édition, 2022

Sommaire

Introduction

L'une des choses les plus difficiles à faire est de transformer d'une personne pleine de doute en une personne sure d'elle-même qui croit en ses capacités.

J'ai moi aussi énormément douté de mes compétences et de mon droit au bonheur. Je manquais énormément de confiance en moi, je n'aimais pas la personne que j'étais. Je me dévalorisais beaucoup, certaine de ne pas mériter ce que m'offrait la vie.

La vérité est que, peu importe où vous en êtes dans la vie en ce moment, peu importe le nombre d'erreurs que vous avez faites, les opportunités que vous avez manquées ou ce qui vous est arrivé, vous pouvez surmonter vos doutes et commencer à croire en vous-même.

Cela est vrai même si vous avez eu des carences dans votre éducation et même si vous n'avez jamais cru en vous-même auparavant. C'est en votre pouvoir, et cela changera complètement votre vie.

Alors, félicitations pour avoir acheté ce guide pour développer votre amour de vous-même.

Une fois que vous aurez commencé à travailler sur vous et à vous offrir plus d'amour, vous commencerez à vous sentir mieux dans votre peau, plus confiant, à vous accepter et à comprendre que vous êtes exceptionnel.

Ce guide est construit de manière à explorer comment reprendre confiance en vous. Vous avez donc des parties théoriques et des espaces à remplir pour développer votre réflexion.

Si vous lisez ce livre sous format ebook, ce n'est pas un problème, vous pouvez tout à fait utiliser un carnet personnel ou une application de prise de note.

Maintenant que vous êtes prêt, commençons à explorer comment vous pouvez surmonter votre manque de confiance et croire en vous-même.

Pourquoi doutez-vous de vous-même ?

Le doute de soi est souvent défini comme « *le manque de confiance en soi et en ses capacités* ». C'est une très bonne définition, mais elle ne prend pas pleinement la mesure des problèmes causés par le manque de confiance en soi.

Réfléchissez à ces questions :
- Quels sont les dangers de ne pas avoir confiance en soi ?
- Comment le doute affecte-t-il votre vie ?
- D'où vient ce doute ?
- Et surtout, comment le surmonter ?

Dans les pages suivantes, je vais essayer de donner des réponses à toutes ces questions. Puis, je vous ai préparé des exercices à suivre pour développer votre amour pour vous-même.

Tout le monde a des problèmes différents, des raisons spéciales pour comprendre pourquoi le doute est si présent dans leur vie.

Vous êtes une personne unique et il n'y a pas de réponse unique. Alors, je vous propose de lire ce qui suit et de prendre le temps de travailler les exercices pour analyser pourquoi vous vous aimez si peu aujourd'hui.

Les dangers du manque de confiance en soi et comment cela affecte votre vie

Il y a beaucoup de dangers à s'accrocher au doute dont vous devriez être conscient.

Si vous souffrez d'un manque de confiance en vous-même, il est important de comprendre le type de dommages que vous vous faites si vous continuez à vous y accrocher.

Cela a impacté votre passé, affecte votre présent et peut dévaster votre avenir si vous ne changez pas les choses.

Voici pourquoi :

- Le doute de soi nuit à la motivation :

Lorsque vous ne pensez pas pouvoir faire quelque chose de bien, la peur vous empêcher de sortir de votre zone de confort. Cela peut se transformer en un grave manque de motivation pour faire plus que ce que vous avez juste à faire pour vous en sortir.

Cela peut toucher toute votre vie :
- Vos interactions sociales sont limitées et moins satisfaisantes,

- Vous avez un travail que vous n'appréciez pas forcément
- Vous ne profitez pas beaucoup de ce que vous offre la vie.

- **Le doute de soi entraine la procrastination :**

Si vous ne pensez pas savoir comment faire les choses « *correctement* », vous pouvez finir par penser que vous êtes perfectionniste. Mais au final, c'est seulement un moyen de procrastiner et de ne jamais rien finir ou bien le terminer à la dernière minute.

Vous êtes conditionné à l'échec. Dites-vous bien que personne n'est parfait et que la perfection n'est pas nécessaire pour s'épanouir dans cette vie.

- **Le doute de soi mène au regret :**

Lorsque vous manquez des opportunités, vous éprouverez des regrets. Le regret, lorsqu'il n'est pas résolu, peut entrainer un stress ou une anxiété chronique. Ce qui engendrera encore plus de doute, qui créera plus de regrets, et ainsi de suite. C'est un cercle vicieux.

- **Le doute de soi provoque le défaitisme :**

Si vous permettez au doute de perdurer, vos idées seront de plus en plus sombres et vous allez développer votre croyance que vous ne pouvez rien vivre de bon ou d'heureux. C'est essentiellement une acceptation de l'échec.

- Le doute de vous-même bloque votre développement personnel :

Lorsque vous n'avez aucune confiance en vous-même, il est difficile de penser à vous améliorer. Vous croyez que vous avez trop à faire sur vous-même, que c'est peine perdue.
 Vous devenez victime de votre situation à un point que vous n'y arriverez pas, même si vous essayez.

- Le doute de soi étouffe l'inspiration et la créativité :

Lorsque vous ne croyez pas en vous-même, il est difficile de trouver l'inspiration et être créatif. Mettre fin à cette situation fera ressortir la créativité que vous n'avez pas laissé s'exprimer.

Comme vous pouvez le voir, et comme vous l'avez peut-être vécu vous-même, le manque de confiance en soi peut être dangereux. Ce sont toutes de bonnes raisons pour travailler sur vous-même et tout mettre en œuvre pour surmonter votre doute et apprendre à avoir confiance en vous.

D'où vient votre manque de confiance en vous ?

Savoir comment vous avez développé votre manque de confiance peut parfois aider à vous remettre de cette condition. Vous pouvez renforcer l'estime de vous-même en allant questionner ce que vous avez vécu. Certaines personnes ont eu de l'amour pour eux-mêmes à un moment donné, puis l'ont perdu. Certains n'en ont jamais eu.

Peu importe comment vous déterminez la cause de votre manque de confiance, vous serez en mesure de le surmonter. Peu importe que ce soit quelque chose qui s'est développé au fil du temps ou quelque chose que vous avez vécu dans votre enfance.

Vous pouvez travailler à construire votre croyance en vous-même afin de développer votre amour pour vous-même.

- Croyances limitantes apprises dans l'enfance

Malheureusement, beaucoup de gens apprennent à remettre à plus tard leurs rêves et à limiter leurs idées en raison de parents bien intentionnés (ou parfois ils ne sont pas si bien intentionnés). Des parents qui sont également coincés dans leur propre vie, remplie de doute et en manque d'amour. Ils ne sont pas capables d'envisager une autre manière de faire.

Ce n'est généralement pas le fait que les parents veulent empêcher leurs enfants de rêver ; ils essaient juste d'être réalistes. Lorsque leur enfant parle de leur grand rêve de parcourir le monde et de devenir écrivain, ils réagissent avec peur et font des sermons qui peuvent être statistiquement vrais, mais qui limitent leur enfant.

Par exemple, ils peuvent décourager leur enfant de devenir écrivain en leur disant que personne ne gagne de l'argent en écrivant. Ou ils peuvent décourager leur enfant de devenir quelqu'un qui est au-dessus de ce à quoi ils sont habitués, en raison de l'appréhension du cout et de la peur que leur enfant ne puisse pas y arriver même s'il essaie.

Ces idées limitantes déteignent sur les enfants. C'est pourquoi, statistiquement, la plupart des gens ne sortent pas de la classe sociale dans laquelle ils sont nés.

La chose la plus importante à retenir est qu'il est possible d'y arriver. Vous êtes capables d'envisager de nouvelles possibilités, puis de passer l'action pour aller jusqu'au bout.

- Mauvaises expériences passées

Si vous aviez une bonne image de vous-même et que vous ne souffriez pas du doute, mais que vous commencez soudainement ou au fil du temps à perdre confiance en vous, il est possible que vous ayez laissé vos expériences passées et vos mauvaises relations influencer votre esprit.

Il peut s'agir d'une relation parentale, d'une amitié, d'un flirt amoureux, d'un conjoint, même d'un enfant qui vous tire vers le bas et crée une perte d'estime de vous-même. Ces relations sont parfois définies comme des relations toxiques. Malheureusement, une relation toxique peut impliquer n'importe qui, même la famille.

Si vous avez été dans une relation où une personne critique et réduit vos idées à néant. Où elle vous dit que vous n'êtes pas capable, et que vous n'en valez pas la peine, vous avez peut-être perdu confiance à cause de cette relation passée.
Si vous êtes toujours dans l'une de ces relations, il est peut-être temps d'y mettre fin. Vous ne pouvez pas rester dans ce schéma négatif et destructeur.

- Mauvais environnements de travail

Si vous avez eu un travail qui s'est transformé en une mauvaise expérience (surtout si cela a commencé lors de votre premier emploi), cela peut impacter toute une vie si vous laissez la situation telle quelle.

Malheureusement, beaucoup de personnes vivent de mauvaises expériences, particulièrement les personnes qui travaillent dans le secteur du service ou ont un faible salaire.

Même certaines personnes qui ont des emplois mieux rémunérés peuvent être affectées si gravement qu'elles développent une peur de l'échec qui les amène à ne plus prendre de risques. Cela finit par les amener à perdre confiance en eux.

Comme vous pouvez le voir, ces mauvaises expériences peuvent finir par affecter gravement une personne et son avenir. Elle n'arrive plus à se convaincre qu'elle est une bonne personne et qu'elle a le droit de s'aimer.

- Manque d'expériences de vie

Parfois, une personne peut maquer de confiance simplement en raison d'un manque d'expérience.

Si vous étiez trop protégé dans l'enfance, si vous étiez malade ou si vous aviez des problèmes qui vous empêchaient de vivre beaucoup d'expériences, cela peut se transformer en peur, en anxiété et même en d'autres problèmes tels que l'agoraphobie.

Si vous n'avez pas d'expériences réussies sur lesquelles vous pouvez vous appuyer, il peut être difficile d'imaginer que vous êtes capable. De même si vous n'avez connu que l'échec.

Quelle que soit la raison : parents surprotecteurs, maladie, maladie mentale non diagnostiquée, timidité… Trouvez la cause est important pour commencer à modifier ces schémas négatifs.

- Anxiété non diagnostiquée

L'anxiété peut en fait être un symptôme de manque de confiance en soi.

Une faible estime de soi peut causer de l'anxiété. Si vous pouvez trouver un moyen de traiter votre anxiété, vous pourrez peut-être en atténuer les effets.

Si vous soupçonnez que vous souffrez d'anxiété, il peut être difficile d'obtenir l'aide dont vous avez besoin en allant chez votre médecin et en lui en parlant, car cela vous rend également anxieux. Vous craignez qu'ils pensent que vous êtes stupide. Mais allez-y, son aide est précieuse.

Une certaine anxiété peut être causée par des carences en vitamines. Il peut aussi vous recommander de consulter un psychiatre afin que vous puissiez recommencer à vous détendre et prendre soin de vous. Il existe également des méthodes naturelles pour surmonter vos troubles anxieux.

Il est important de ne pas laisser l'anxiété et le stress vous amener à rester coincé dans vos schémas actuels.

- Pensées limitantes

Souvent, les gens éprouvent peu d'amour pour eux-mêmes simplement en raison de modèles qu'ils ont établis depuis l'enfance, ou à un moment de leur vie d'adulte.

Par exemple, tout aurait pu bien se passer, puis quelque chose de traumatisant c'est produit comme un accident de voiture, un décès dans la famille, et ainsi de suite. Cela peut commencer à vous conduire sur la voie de la répétition de mauvais schémas ou d'accepter que votre vie soit seulement remplie d'échecs. Mais vous pouvez surmonter la situation en orientant votre esprit vers le positif et en vous donnant de l'amour.

Le processus exige que vous soyez suffisamment
motivé pour être en mesure de voir la vérité sur vous-
même, vos choix, vos relations et plus encore sur votre
vie.

Ensuite, vous devrez passer à l'action pour surmonter
vos doutes et commencerez à croire en vous-même.
Il y a tellement de raisons pour lesquelles vous devriez
croire en vous-même. Une fois que vous commencez à
réaliser cela, la suite sera simple.

Je vous propose maintenant un petit quiz pour évaluer
votre amour propre et vos connaissances sur vous-
même.

QUIZ
Amour de soi

 Quiz Self-love

Répondez aux questions suivantes pour évaluer
votre amour-propre :

	Oui	Non
Est-ce que je me critique constamment ?	☐	☐
Est-ce que je crois que je ne suis pas aimable ?	☐	☐
Ai-je confiance en mon propre jugement ?	☐	☐
Ai-je de faibles attentes envers moi-même ?	☐	☐
Ai-je des crises d'anxiété ou de panique ?	☐	☐
Ai-je une attitude négative ?	☐	☐
Ai-je de mauvaises habitudes comme fumer, l'alcool, les jeux d'argent... ?	☐	☐
Suis-je constamment inquiet ?	☐	☐

 Qu'avez-vous  appris ?

Rédigez un petit paragraphe sur les choses que vous avez apprises sur vous-même après avoir répondu au questionnaire précédent.

Augmentez votre confiance en vous grâce aux affirmations positives

Les affirmations positives peuvent vous aider à renforcer votre confiance en vous.

Il peut vous sembler stupide de vous répéter des choses auxquelles vous ne croyez pas du tout. Pourtant, des études ont prouvé que les affirmations positives aident les gens à se sentir beaucoup mieux et plus optimistes.

Elles changent notre façon de penser et permettent de croire davantage en soi-même.

Passez à l'action

Écrivez vos propres affirmations positives ou trouvez-en sur le Net ou dans des livres, imprimez-les et découpez-les en bandes.
Une affirmation par bande. Puis, chaque fois que vous vous sentez mal dans votre peau, sortez-les et lisez-les avec intention.

Je vous propose huit manières d'écrire vos affirmations positives pour augmenter votre confiance en vous

1. Nommez une chose que vous réussissez :
Par exemple, si vous êtes sorti du lit aujourd'hui, cela peut être une réussite pour vous.

Si vous avez obtenu un diplôme, le poste qui vous faisait envie ou si vous êtes une bonne mère, notez-le. Si vous vous sentez bien et que cela vous semble être une réussite, notez-le également.

2. Dites-vous que vous êtes une bonne personne :
Peu importe l'image que vous avez de vous-même, il est important d'être une bonne personne.

Chaque jour, vous devez vous dire que vous êtes une bonne personne.

Écrivez « *Je suis une bonne personne* » et énoncez-la à haute voix avec votre cœur.

3. Dans quel domaine voulez-vous être bon ?
Il y a probablement quelque chose que vous voulez vraiment bien faire, peut-être même plusieurs.

Notez-les.

Par exemple, si vous voulez perdre du poids et être en bonne santé, écrivez : « *Je suis en bonne santé et je mange des aliments bons pour ma santé.* »

4. Vous souhaitez être plus concentré ?
Écrivez cette affirmation : « *Je suis concentré sur les choses importantes de ma vie* ».

Et dites-le à vous-même en y mettant de la conviction. Il est très important de savoir que vous pouvez vous concentrer sur ce qui est important et que vous le faites.

5. Vous n'aimez pas votre apparence ?
Même si vous n'aimez pas votre apparence, il y a probablement une chose que vous aimez chez vous.

Notez-le : « ***J'ai l'air intelligent et professionnel aujourd'hui*** » est peut-être plus important pour vous que « J'ai l'air sexy aujourd'hui » ou « J'ai l'air beau aujourd'hui ».

Il n'y a rien de vrai ou de faux ici, écrivez quelque chose de positif sur votre apparence comme si c'était vrai (si vous voulez que ce soit vrai).

6. Comment les autres vous voient-ils ?
Écrivez quelque chose de positif sur ce que les autres pensent de vous.

Vous aurez peut-être besoin de le demander à des amis. Demandez-leur de te citer un trait positif que vous possédez.

Notez-le sur une feuille de papier pour le ressortir quand vous en avez besoin.

Il s'agit peut-être de votre gentillesse, de votre réussite, de vos compétences parentales ou d'autre chose. Vous serez probablement surpris de ce que vos amis peuvent penser de vous.

7. Croire en soi

Même si vous ne croyez pas beaucoup en vous, affirmer que oui est un bon moyen de vous assurer que cela se produise.

« *Je crois en mes capacités à* _______ *complètement.* »

Remplissez les blancs avec quelque chose en quoi vous croyez, et quelque chose que vous ne croyez pas encore, mais que vous désirez.

Notez autant d'affirmations positives que vous le pouvez. Tout ce que vous avez besoin de vous dire est important.

Chaque fois que vous vous sentez mal, sortez vos affirmations, regardez-vous dans le miroir et lisez-vous-en une.

Répétez-la en vous regardant dans les yeux et ressentez la vérité de l'affirmation.

Je vous propose d'autres affirmations pour développer votre amour de vous-même.

 Affirmations 

Les mots, les phrases et les expressions positives
sont le meilleur moyen de stimuler votre amour-
propre et d'inciter votre subconscient à vous
apprécier. Lisez les affirmations suivantes à voix
haute et avec conviction

Je m'aime, j'aime
qui je suis.

Je suis belle à l'intérieur
et à l'extérieur

Je ne suis pas touché par
les jugements des autres.

Je suis aimé

Je mérite de bonnes
choses

Je suis digne
d'être aimé

Je suis maître de
moi-même

Je me pardonne.

Chassez les pensées négatives

Tout le monde doit faire face aux pensées négatives.

Certaines personnes choisissent de les laisser s'ancrer en elles.
D'autres ont une pensée négative et la transforment en une pensée positive.

Si vous souhaitez être une personne qui éprouve de l'amour pour elle-même et qui ne doute pas d'elle-même, transformer délibérément les pensées négatives en pensées positives vous aidera énormément.

<u>Voici 10 conseils pour transformer vos pensées négatives :</u>

1. Ne les dites pas à voix haute :
Chaque fois que vous avez une pensée négative, laissez-la passer dans votre esprit sans vous y attacher. Ne la dites pas à voix haute ni aux autres ni à vous-même.

2. Marchez, courez ou nagez :
Même si vous n'aimez pas faire bouger, le but est de faire quelque chose qui demande de la réflexion et du mouvement.

Cela permettra de vous éloigner de la technologie et, avec un peu de chance, de profiter pour vous connecter à la nature.

Vous allez faire travailler votre cœur et libérer votre énergie de manière positive.

Concentrez-vous sur les sensations de votre corps : vos pieds qui touchent le sol, le soleil sur votre peau, l'eau qui vous entoure… et ne laisser pas de place aux pensées négatives.

3. Souriez :

Cela peut sembler banal, mais lorsque vous vous sentez négatif, un sourire sur votre visage peut vous remonter le moral, même si vous ne le ressentez pas encore.

Souriez aux gens autour de vous ou regardez-vous dans le miroir, mais souriez au lieu de vous laisser aller à la négativité.

4. Trouvez un ami positif :

Si vous avez déjà un ami positif et optimiste, appelez-le, organisez un rendez-vous ou envoyez-lui une blague drôle.

Faites tout ce que vous pouvez pour penser davantage à cette personne et faire circuler vos pensées positives.

5. Recadrez le problème :

Il est facile de s'enfermer dans la négativité lorsqu'elle est basée sur la réalité.

Par exemple, si vous essayez de perdre du poids et d'être en bonne santé, vous pouvez penser : « *Je ne vais pas y arriver c'est très difficile et je vais échouer* ».

Au lieu de cela, présentez les choses différemment en pensant : « *Cela va être un défi passionnant et un voyage, mais je sais que je peux le faire* ».

6. Aider les autres :

Une façon de surmonter l'apitoiement sur soi ou la négativité est d'aller aider quelqu'un d'autre.

Portez-vous volontaire pour faire la lecture aux enfants à la bibliothèque, allez travailler dans votre lieu de culte ou nourrir les gens à la banque alimentaire. Toutes ces choses vous aideront à voir que votre vie est plutôt bonne.

7. Mettez la musique à fond :

Il y a probablement une musique positive qui vous rend heureux et que vous aimez écouter.

Mettez-la à fond et ne vous empêchez pas de chanter et de danser pour chasser vos mauvais sentiments si vous en éprouvez l'envie.

8. Acceptez que la perfection n'existe pas :

Vous n'êtes pas parfait, personne d'autre ne l'est, et c'est bien ainsi.

La vie serait bien ennuyeuse si nous étions tous parfaits. Nous n'aurions plus aucune raison de nous battre pour quoi que ce soit ou d'apprendre pour évoluer.

9. Abandonnez le statut de victime :

Il arrive parfois que des choses se produisent sans que nous puissions les contrôler.

Nous pouvons nous faire agresser, violer ou avoir un accident dont nous ne sommes pas responsables. Et il se peut que nous n'ayons rien pu faire pour l'éviter.

Peut-être avez-vous été atteint d'un cancer ou licencié de votre emploi. Aucune de ces choses ne pouvait être évitée…

Mais ne vous laissez pas entrainer dans l'abime de la victimisation. Au lieu de cela, réfléchissez à ce que vous avez appris de la situation et à ce que vous pouvez faire pour aller de l'avant.

10. Répétez des affirmations positives :
Sortez vos affirmations positives que vous avez écrit précédemment et lisez-les régulièrement.

Chaque fois que des pensées négatives inutiles surgissent, appliquez l'un (ou plusieurs) des conseils ci-dessus pour les contourner.

Si vous réussissez à transformer la pensée négative en une pensée positive, en particulier une pensée qui nécessite une action, vous gagnerez ce combat avec votre moi intérieur.

Pour gagner en estime et faire grandir l'amour que vous avez pour vous, débarrassez votre vie des doutes nuisibles et continuez à cheminer.

Dans l'exercice suivant, je vous invite à stopper le discours négatif que vous avez sur vous-même.

Changer le discours négatif sur soi

Le discours négatif sur soi-même est une habitude dévastatrice qui peut conduire à un manque de confiance, à l'échec et à la dépression. Essayez de dresser ci-dessous la liste des phrases que vous utilisez pour vous parler de manière négative, puis remplacez chaque phrase négative par une phrase positive.

Je ne vais pas y arriver	Je suis capable d'y arriver

Programme d'activités d'amour de soi de 4 semaines

 # Suivez vos activités 
d'amour de soi

Essayez d'accomplir le plus possible des activités
suivantes en un mois, et suivez vos progrès.

Semaine 1

Activités	Lu	Ma	Mr	Je	Ve	Sa	Di
Se réveiller à 6 heures du matin	✓						
Boire de l'eau							
Petit-déjeuner sain							
Pas de sucre							
Pas d'alcool							
Félicitez-vous							
Lire pendant 30 minutes par jour							
Faites de l'exercice pendant 45 min							
Soyez aimable avec les autres							
Reconnaissez vos efforts							
Rire et sourire							
Laissez tomber les soucis							
Pratiquez la relaxation							
Amusez-vous							

Semaine 1

Activités	Lu	Ma	Mr	Je	Ve	Sa	Di
Faites une promenade dans la nature	✓						
Parlez à vous-même de manière positive							
Nettoyez votre maison ou votre bureau							
Mangez des aliments sains							
Réduisez votre consommation de caféine							
Aidez quelqu'un							
Souriez							
Tenez-vous droit							
Apprenez une nouvelle compétence							
Éteignez vos écrans pendant une heure.							
Planifiez un objectif							
Lisez 10 pages d'un livre							
Célébrez un objectif que vous avez atteint							
Faites une sieste							
Faites-vous un massage							
Admirez votre corps							
Prenez un bain apaisant							
Respirez en pleine conscience							
Buvez une tisane							
Faites une promenade au soleil							
Activités	Lu	Ma	Mr	Je	Ve	Sa	Di

 # Semaine 2 

Activités	Lu	Ma	Mr	Je	Ve	Sa	Di
Se réveiller à 6 heures du matin							
Boire de l'eau							
Petit-déjeuner sain							
Pas de sucre							
Pas d'alcool							
Félicitez-vous							
Lire pendant 30 minutes par jour							
Faites de l'exercice pendant 45 min							
Soyez aimable avec les autres							
Reconnaissez vos efforts							
Rire et sourire							
Laissez tomber les soucis							
Pratiquez la relaxation							
Amusez-vous							

Semaine 2

Activités	Lu	Ma	Mr	Je	Ve	Sa	Di
Faites une promenade dans la nature							
Parlez à vous-même de manière positive							
Nettoyez votre maison ou votre bureau							
Mangez des aliments sains							
Réduisez votre consommation de caféine							
Aidez quelqu'un							
Souriez							
Tenez-vous droit							
Apprenez une nouvelle compétence							
Éteignez vos écrans pendant une heure.							
Planifiez un objectif							
Lisez 10 pages d'un livre							
Célébrez un objectif que vous avez atteint							
Faites une sieste							
Faites-vous un massage							
Admirez votre corps							
Prenez un bain apaisant							
Respirez en pleine conscience							
Buvez une tisane							
Faites une promenade au soleil							

 # Semaine 3 

Activités	Lu	Ma	Mr	Je	Ve	Sa	Di
Se réveiller à 6 heures du matin							
Boire de l'eau							
Petit-déjeuner sain							
Pas de sucre							
Pas d'alcool							
Félicitez-vous							
Lire pendant 30 minutes par jour							
Faites de l'exercice pendant 45 min							
Soyez aimable avec les autres							
Reconnaissez vos efforts							
Rire et sourire							
Laissez tomber les soucis							
Pratiquez la relaxation							
Amusez-vous							

Semaine 3

Activités	Lu	Ma	Mr	Je	Ve	Sa	Di
Faites une promenade dans la nature							
Parlez à vous-même de manière positive							
Nettoyez votre maison ou votre bureau							
Mangez des aliments sains							
Réduisez votre consommation de caféine							
Aidez quelqu'un							
Souriez							
Tenez-vous droit							
Apprenez une nouvelle compétence							
Éteignez vos écrans pendant une heure.							
Planifiez un objectif							
Lisez 10 pages d'un livre							
Célébrez un objectif que vous avez atteint							
Faites une sieste							
Faites-vous un massage							
Admirez votre corps							
Prenez un bain apaisant							
Respirez en pleine conscience							
Buvez une tisane							
Faites une promenade au soleil							
	Lu	Ma	Mr	Je	Ve	Sa	Di

 # Semaine 4 

Activités	Lu	Ma	Mr	Je	Ve	Sa	Di
Se réveiller à 6 heures du matin							
Boire de l'eau							
Petit-déjeuner sain							
Pas de sucre							
Pas d'alcool							
Félicitez-vous							
Lire pendant 30 minutes par jour							
Faites de l'exercice pendant 45 min							
Soyez aimable avec les autres							
Reconnaissez vos efforts							
Rire et sourire							
Laissez tomber les soucis							
Pratiquez la relaxation							
Amusez-vous							

Semaine 4

Activités	Lu	Ma	Mr	Je	Ve	Sa	Di
Faites une promenade dans la nature							
Parlez à vous-même de manière positive							
Nettoyez votre maison ou votre bureau							
Mangez des aliments sains							
Réduisez votre consommation de caféine							
Aidez quelqu'un							
Souriez							
Tenez-vous droit							
Apprenez une nouvelle compétence							
Éteignez vos écrans pendant une heure.							
Planifiez un objectif							
Lisez 10 pages d'un livre							
Célébrez un objectif que vous avez atteint							
Faites une sieste							
Faites-vous un massage							
Admirez votre corps							
Prenez un bain apaisant							
Respirez en pleine conscience							
Buvez une tisane							
Faites une promenade au soleil							

Observez votre mode de pensée

Changez votre façon de penser à votre sujet

Répondez aux questions suivantes pour transformer le schéma de pensée négatif à votre égard en un schéma positif.

Ce que je peux faire pour être honnête avec moi-même ?

Que dois-je modifier dans mon langage corporel, ma posture et mes pensées à mon égard pour améliorer mon estime de soi ?

Quelles sont les choses qui m'aideront à m'exprimer ? (Il peut s'agir de loisirs, de votre façon de parler, de ce que vous aimez...)

Que puis-je faire pour arrêter de me comparer aux autres ?

Qui sont les personnes dont je dois m'entourer, qui sont celles que je dois éviter, et pourquoi ?

Quelles sont mes forces, et comment puis-je les utiliser
pour devenir une meilleure personne ?

Quelles sont mes faiblesses, et comment puis-je les surmonter ?

Rédigez un paragraphe d'amour pour vous.

Que puis-je modifier dans ma chambre (ou ma maison) pour me sentir mieux ?

Dans quels cas dois-je dire "non", et comment je me sens après l'avoir dit ?

Quels sont les objectifs que j'aimerais atteindre dans ma vie, et pourquoi ces objectifs sont importants pour moi ?

Atteignez vos objectifs

Maintenant, passons en revue quelques idées pour retrouver confiance en vous et de vous donner de l'amour.

Soyez assuré que même la personne qui réussit le mieux travaille aussi sur elle-même.

Douter n'est pas un problème en soi. Mais laisser le doute vous contrôler, prendre des décisions à votre place et gouverner votre vie est le problème.

- Vous n'êtes pas seul :

Tout le monde éprouve des doutes sur lui-même. C'est la façon dont vous y réagissez qui compte.

Vous pouvez trouver d'autres personnes avec qui en parler comme votre entourage ou même des groupes Facebook ou d'autres types de forums d'échange pour vous aider à vous sentir moins seul avec vos problèmes.

- Tenez un journal :

Une façon de surmonter et développer votre amour pour vous-même est de tenir un journal pour vous rappeler ce que vous avez vécu.

Vous pouvez parler de ce que vous ressentez et de la façon dont vous avez traversé ces situations.

Essayer de vous concentrer sur les aspects positifs de chaque évènement et sur ce que vous en avez appris.

- Ne vous comparez pas aux autres :

La pire chose que vous puissiez faire est de comparer votre vie à celle de quelqu'un d'autre. Cela ne fait qu'engendrer plus de doute et même de jalousie.

La vérité est que vous n'avez aucune idée de ce que les autres ont traversé pour être là où ils sont, ou même s'ils sont vraiment honnêtes au sujet de leur situation. Vous ne connaissez que la vérité sur votre propre situation.

- Apprenez la gratitude :

Chaque évènement de la vie a de quoi être reconnaissant. Même les pires choses peuvent être transformées en une leçon qui peut vous aider dans la prochaine situation de votre vie.

Les gens qui ont surmonté les pires moments que vous pouvez imaginer — la mort, le crime, la maladie — ont tous une chose en commun : c'est leur capacité à voir les aspects positifs ou au moins à être reconnaissante des beaux moments simples qu'ils peuvent vivre dans leur vie.

- Fixez-vous de petits objectifs immédiats :

Une façon de surmonter les problèmes liés au manque de confiance en vous est de connaitre la réussite.

Commencez à vous fixer de petits objectifs qui vous permettent de connaitre un succès immédiat. Cela dépend où vous en êtes dans votre parcours, mais le succès peut être aussi petit que de se lever le matin, d'aller au magasin, ou quelque chose de plus difficile comme postuler à un nouvel emploi. (Notez bien le mot « postuler », et non en obtenir un.)

- Entourez-vous de personnes positives :

Prenez le temps de choisir des personnes que vous connaissez déjà et qui vous font vous sentir bien dans votre peau. Si vous n'avez pas ces personnes dans votre vie, il est temps de les rechercher.

Vous pouvez trouver des gens via des rencontres en ligne, en prenant un cours, des réunions de groupe, un club de lecture et ainsi de suite. L'important est de commencer à être plus entouré de personnes positives.

- Apprenez à respecter les obstacles :

Tout le monde a des obstacles qui l'empêchent de vivre dans la joie et l'amour de soi. Tout le monde.

La façon de traiter ces problèmes est de respecter le fait que vous avez peut-être quelque chose à apprendre ou à tirer de l'expérience.

Trouvez un moyen de respecter les obstacles qui sont mis devant vous et apprenez d'eux.

- Apprenez de vos erreurs :

Comme pour les obstacles, lorsque vous faites une erreur, au lieu de vous battre, acceptez-la et apprenez.

Parfois, il est utile d'écrire l'expérience dans votre journal en mettant l'accent sur ce que vous avez appris et sur la façon dont vous le ferez différemment si cela se reproduit.

- Savoir quand arrêter :

Il y a des moments où abandonner n'est pas un échec.

Il y a de nombreuses fois dans la vie où vous essayez quelque chose, mais cela ne fonctionne tout simplement pas pour vous et il est temps d'arrêter. Cela peut être un choix professionnel, un choix de relation ou autre chose.

Si cela vous cause trop de stress qui ne peut être surmonté, il est temps de le quitter et de passer à autre chose.

- Il est normal d'être mal à l'aise :

Vous devez vous rendre compte qu'il est normal d'être mal à l'aise parfois. Vous ne grandirez pas si vous ne ressentez pas d'inconfort.

Cela ne signifie pas que vous devez être dans la souffrance psychique, physique ou spirituelle ; c'est juste que se sentir un peu craintif, mal à l'aise ou incertain est naturel. Mettez les choses en perspective pour savoir que vous faites de bons choix.

- Évaluez vos forces et vos faiblesses :

Une façon de faire face est de comprendre honnêtement où se trouvent vos forces et vos faiblesses.

Ensuite, développez votre force et améliorez même vos faiblesses lorsque vous le pouvez. Parfois, la façon dont vous améliorez une faiblesse est de laisser quelqu'un d'autre s'en occuper.
Par exemple, si vous êtes un mauvais cuisinier, mais que vous voulez perdre du poids et que vous ne voulez pas apprendre à cuisiner, il est acceptable de commander un kit de repas ou de demander à quelqu'un d'autre de le faire si vous en avez la capacité. Il y a toujours un moyen de contourner une faiblesse.

Les forces que vous possédez naturellement peuvent également être améliorées, presque sans douleur.

- Soyez accompagné :
Lorsque vous essayez de surmonter le doute et de commencer à vous donner de l'amour, il peut être utile d'avoir quelqu'un autour de vous qui peut vous accompagner.

Il peut s'agir d'un coach de vie, d'un conseiller, d'un ami ou d'un groupe. Il est préférable de ne pas choisir un ami à son insu. Si vous avez un ami positif qui est prêt à vous aider, allez-y. Mais s'il ne sait pas ce qu'il fait ou n'en a pas envie, laissez tomber.

Un coach de vie est un excellent moyen de vous aider à construire une belle image de soi et à reprendre confiance.

Ces stratégies pour retrouver confiance en vous et de vous donner de l'amour ne fonctionneront pas pour vous si vous ne les mettez pas en œuvre. Les problèmes sont parfois si graves qu'ils peuvent vous coincer dans une vie que vous ne voulez pas et que vous n'aimez pas. Cela vous conduira à l'anxiété, à la dépression et dégénèrera.

Si vous voulez vraiment faire l'expérience de la vraie joie dans la vie, croire en vous-même et vous débarrasser du doute débilitant que vous éprouvez, commencez à passe à l'action dès maintenant.
Ne tardez pas et ne vous trouvez pas d'excuses.

Je vous invite maintenant à lister vos cinq principaux objectifs et à développer pour chacun les actions et les étapes à mettre en place.

Dressez ci-dessous la liste des 5 principaux objectifs que vous souhaitez atteindre cette année.

objectif 1 :

objectif 2 :

objectif 3:

objectif 4:

objectif 5:

Étapes pour atteindre l'objectif 1

- [ ]
- [ ]
- [ ]
- [ ]
- [ ]
- [ ]
- [ ]
- [ ]
- [ ]
- [ ]
- [ ]
- [ ]
- [ ]

Étapes pour atteindre l'objectif 2

 # Étapes pour atteindre l'objectif 3 

- [ ]
- [ ]
- [ ]
- [ ]
- [ ]
- [ ]
- [ ]
- [ ]
- [ ]
- [ ]
- [ ]
- [ ]
- [ ]

Étapes pour atteindre l'objectif 4

 # Étapes pour atteindre 
l'objectif 5

MEs notes

Épilogue

Je vous remercie pour le temps que vous m'avez accordé en découvrant ce guide. Si vous lisez ces quelques lignes, c'est que vous avez forcément lu l'ouvrage entièrement et que vous êtes passé à l'action. BRAVO ! Je vous en remercie profondément…

Si ce livre vous a aidé d'une quelconque manière, alors j'en suis profondément touché. N'hésitez pas à le recommander autour de vous.

Si vous voulez me contacter pour me poser d'éventuelles questions ou pour simplement en discuter, je serais ravi de vous répondre.

Vous pouvez m'écrire à l'adresse suivante :

contact@ondespositivesfr.com

N'hésitez surtout pas à laisser votre avis à propos du livre sur Amazon, même succinct, afin de me dire si vous l'avez apprécié. Cela m'aide beaucoup à faire connaitre mon travail et je suis toujours à l'écoute de critiques constructives qui me permettraient d'améliorer ce guide.

Pour cela, il vous suffit de flasher ce QR code ci-dessous pour atterrir directement sur l'espace commentaires Amazon du livre.

Pensez à la quantité de gens que vous aiderez simplement avec ce commentaire et votre avis honnête.

À très bientôt j'espère,

Jessica Laure

Annexe

Pour me retrouver n'hésitez pas à me rejoindre sur mon site :

www.ondespositivesfr.com

Je vous partage des astuces naturelles pour être plus serein et détendu

Vous pouvez aussi visiter ma chaine YouTube en cliquant sur le nom de la chaine :

Ondespositivesfr

Je mets une vidéo en ligne tous les dimanches.